AF391367

22 Janvier 88

VENTE DU LUNDI 23 JANVIER 1888

HOTEL DROUOT, SALLE Nº 3

à deux heures et demie.

TABLEAUX

ANCIENS ET MODERNES

EXPOSITION PUBLIQUE

LE DIMANCHE 22 JANVIER 1888

De 1 heure à 5 heures.

COMMISSAIRE-PRISEUR	EXPERT
Mᵉ MAURICE DELESTRE	**M. E. FÉRAL, peintre**
27, rue Drouot, 27	54, faubourg Montmartre, 54

IMPRIMERIE D. DUMOULIN ET Cⁱᵉ

Rue des Grands-Augustins, 5, à Paris.

CATALOGUE

DE

TABLEAUX

ANCIENS ET MODERNES

PARMI LESQUELS

Une Œuvre importante de WILLE le fils

Fruits et gibier par DESPORTES

MINIATURES, GRAVURES, DESSINS, ETC.

DONT LA VENTE AURA LIEU

HOTEL DROUOT, SALLE N° 3

LE LUNDI 23 JANVIER 1888

A deux heures et demie

Par le ministère de **Me Maurice DELESTRE**, Commissaire-Priseur,
27, rue Drouot,

Assisté de **M. Eug. FÉRAL**, Peintre-Expert, 54, Faubourg-Montmartre

Chez lesquels se trouve le présent Catalogue.

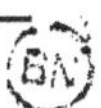

EXPOSITION PUBLIQUE : Le Dimanche 22 Janvier 1888,
De une heure à cinq heures.

CONDITIONS DE LA VENTE

La vente sera faite au comptant.

Les acquéreurs payeront cinq pour cent en sus des en-
chères.

DÉSIGNATION

TABLEAUX ANCIENS
ET MODERNES

ARUS (A.)

1 — *Cavalier au galop.*

Effet de neige.

BEAUBRUN (attribué à)

2 — *Trois portraits présumés d'Anne d'Au-
triche.*

BELLANGÉ (Hippolyte)

3 — *Après la bataille.*

Signé et daté 1865.

BISSCHOP (Corneille)

4 — *Les Joueurs de cartes.*

Un officier joue aux cartes avec une jeune femme; une
vieille bohémienne lui montre deux pièces de monnaie.
Signé et daté 1657.

BREUGHEL

5 — *Entrée de village.*

Sur le devant, des villageois cherchent à relever leur charrette dont une roue s'est détachée.

CARRIER DE JONCREUIL

6 — *Le Modèle.*

CERQUOZZI (dit Michel-Ange des Batailles)

7 — *Fruits et légumes posés au pied d'un monticule où grimpent des ceps de vigne.*

CLÉSINGER (J.)

8 — *Ruines, dans la campagne de Rome.*
Soleil couchant.

CLÉSINGER (J.)

9 — *Lac et montagne.*
Campagne de Rome.

COUTURE (Thomas)

10 — *Petite Italienne en buste, la tête de profil.*

CUYP (d'après ALBERT)

11 — *Cavaliers et Bergers au repos.*

CUYP (BENJAMIN)

12 — *Intérieur rustique.*

Au premier plan, des villageois jouant aux cartes.

DANLOUX

13 — *Portrait d'un artiste.*

DECAMPS

14 — *Artiste assis dans un bois et dessinant.*

DESPORTES (FRANÇOIS)

15 — *Fruits et gibier.*

Des pommes, des oranges, des grenades et autres fruits dans une vasque de marbre; au-dessus, des canards, des perdrix un lapin, suspendus au haut d'une niche cintrée.

Beau tableau, signé en toutes lettres et daté 1716.

DONZEL (CH.)

16 — *Arbres et rochers, au bord d'une rivière.*

EECKHOUT (J. Van den)

17 — *Ruth et Booz.*

FRÈRE (Th.)

18 — *Vue du Bosphore.*

GALIBERT

19 — *Poissons, légumes et cafetière de cuivre.*

GÉRICAULT (genre de)

20 — *Cheval au repos.*

GREUZE (attribué à J. B.)

21 — *Tête d'étude.*

MANARPH

22 — *La Promenade en bateau.*

MEULEN (d'après P. Van der)

23 — *Bataille.*

MICHEL (Em.)

24 — *Paysage.*

Effet d'hiver.
Au premier plan, des hérons au bord d'une mare.

MICHEL (Em.)

(PENDANT DU PRECEDENT)

25 — *Bord de rivière.*

Effet de soleil levant.
Au premier plan, des pêcheurs, montés dans un bateau,
jettent leurs filets.

MONNOYER (dit Baptiste)

26 — *Fleurs dans un vase posé sur une balus-
trade de pierre.*

MURATON (Louis)

27 — *Jeune fille, en buste.*

POEL (Van der)

28 — *Incendie dans un village.*

Effet de nuit.

POUSSIN (genre de Nicolas)

29 — *Sujet biblique.*

RAOUX (Jean)

30 — *La Toilette de Vénus.*

La déesse est assise et tient une flèche qu'un petit amour
cherche à saisir, une de ses suivantes s'occupe de sa toilette ; un second amour voltige au-dessus, tenant en laisse
ses deux colombes.

ROLLAND (A.)

31 — *Chien de montagne, au bord d'une mare.*
Pastel.

TENIERS (genre de D.)

32 — *Paysage.*
Effet de clair de lune.

TINTORET (d'après Robusti, dit le)

33 — *Le martyre d'un Saint.*

VOUET (Simon)

34 — *Rémus et Romulus.*

WILLE (P.-A.) le fils.

35 — *Le Mariage forcé.*

Gracieuse et importante composition de quinze figures pleines de mouvement et de vie, rappelant les plus belles œuvres de Greuze.

Signée en toutes lettres et datée 1775.

Ce tableau a figuré au Salon de l'époque; il est célèbre dans l'œuvre de l'artiste.

Haut., 95 cent.; larg., 128 cent.

WOUWERMAN (d'après)

36 — *Cavalier faisant halte.*

ZORG (genre de M.)

37 — *Fumeurs dans un intérieur rustique.*

ÉCOLE FRANÇAISE

38 — *Diane au repos.*

Dessus de porte.

ÉCOLE FRANÇAISE

39 — *Diane au repos.*

Dessus de porte.

ÉCOLE FRANÇAISE

40 — *Portrait d'homme.*

ÉCOLE FRANÇAISE (xviiie siècle)

41 — *Deux miniatures*

Portraits présumés de la duchesse de Mazarin et de Mme d'Etioles, marquise de Pompadour.

ÉCOLE FRANÇAISE (xviiie siècle)

42 — *Portrait d'un Jeune Seigneur.*

Miniature gouachée.

43 — *Jeune Femme et Amour.*

Miniature de forme ronde.

ÉCOLE HOLLANDAISE

44 — *Villageois prenant leur repas.*

ÉCOLE ITALIENNE

45 — *Énée emportant son père Anchise, pendant l'incendie de Troie.*

ÉCOLE ITALIENNE

46 — *Campement de troupes.*

Composition dans la manière de Callot.

ÉCOLE ITALIENNE

47 — *Portrait d'un Seigneur vénitien.*

48 — *Sous ce numéro, qui sera divisé, quelques gravures d'après Rubens, Le Brun, Louterbourg, etc.*

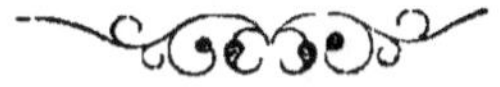